In 27/17470

PRECIS

DE CERTAINS FAITS

SUSCEPTIBLES

DE FIXER L'ATTENTION DES MAGISTRATS ET DU PUBLIC

SUR LE PERSONNEL

DU SIEUR RICHOT.

PRÉCIS

DE CERTAINS FAITS

SUSCEPTIBLES

DE FIXER L'ATTENTION DES MAGISTRATS ET DU PUBLIC

SUR LE PERSONNEL

D'UN SIEUR RICHOT,

ANCIEN GENDARME, PUIS COMMISSAIRE AUX RÉQUISITIONS
CONVENTIONNELLES, ET SUCCESSIVEMENT BROCANTEUR,
MARCHAND DE MEUBLES, etc. etc.,

MAINTENANT RICHE PROPRIÉTAIRE

RETIRÉ A MARLY,

*Où il affecte de manifester en extrême des opinions
et des sentimens bien opposés à ceux qu'il
professait à des époques antérieures.*

Jugeant les autres par lui-même,
Tout est faux, selon lui. Chacun a son système.

Si, malheureusement pour l'espèce humaine,
il existe des hommes naturellement enclins au
mal, et toujours disposés à tout entreprendre
pour satisfaire leur cupidité, il est du moins
consolant pour les gens de bien qui parfois sont
victimes de l'astuce de certains hypocrites, de
trouver dans les lois et la magistrature, l'appui
dont on a souvent besoin pour se garantir des
pièges tendus à la confiance, et pour repousser
dignement des agressions trop audacieusement
conçues.

FAITS.

En janvier 1816, le sieur RICHOT, alors Tapissier, Marchand de Meubles, demeurant boulevard Montmartre, n°. 14, vendit à M. L. Halsberghe Provoost, négociant Belge, pour 6,550 fr. d'objets relatifs à son état, dont un était compté pour 5,700 fr. dans sa facture, et comme il fut convenu que le prix de cet objet ne serait payé qu'au 30 mars suivant, M. Halsberghe envoya au sieur Richot, le surlendemain de la livraison, une obligation de cette somme, payable ledit jour.

Le sieur Richot prétendit alors qu'attendu le temps qu'il avait à attendre pour être définitivement payé, il avait droit d'exiger une somme de 185 fr. 25 c. pour intérêts.

Une telle prétention parut très-mal fondée à celui à qui elle fut adressée, mais comme malgré ses justes observations il y eut persévérance, cela finit par l'indigner à tel point, que, ne voulant point y souscrire, il préféra payer de suite ce qu'il n'aurait dû acquitter que dans deux mois.

Ce fut d'après cette résolution que muni des fonds nécessaires pour l'acquit de cet objet, M. Halsberghe fut trouver le sieur Richot, lui témoigna son mécontentement de l'extrême cupidité qu'il manifestait, et lui paya les 5,700 fr. dont vient d'être mention, *ne voulant plus avoir affaire à lui.*

Le S^r. Richot donna quittance de cette somme, ainsi que cela devait-être ; mais comme dans la chaleur de la conversation M. Halsberghe avait posé son porte-feuille et étalé sur le bureau les papiers qu'il contenait, pour chercher la note relative aux objets qu'il lui avait achetés beaucoup trop chers en différentes occasions, et par le fait lui démontrer jusqu'à quel point il avait abusé de sa confiance, et que dès-lors il en était résulté une altercation vive, inutile à reproduire ici, il s'en suivit une espèce de confusion qui facilita au sieur Richot le moyen de soustraire l'effet de 5,700 fr. qu'il avait momentanément déposé sur ledit bureau, comme devant être rendu par le fait du paiement qui venait d'être effectué, et dont il venait de donner quittance *spéciale, particulière et motivée.*

Voilà comment M. Halsberghe, qui croyait avoir resserré tous ses papiers, y compris l'effet par lui acquitté par anticipation, s'est trouvé par la suite horriblement compromis, en raison de l'existence dudit effet, adroitement escamoté par ledit sieur Richot, au moment même où il venait d'en toucher le montant.

Si en rentrant chez lui, M. Halsberghe eût eu le bon esprit de revoir ses papiers, il se serait vraisemblablement aperçu de l'absence de cet effet; dès lors il se serait occupé de sa recherche et aurait pris des mesures pour empêcher que le détenteur ne pût s'en prévaloir; mais les nombreuses occupations dont il se trouvait surchargé, *se trouvant à la veille de son départ pour la Belgique, son pays natal,* et la sécurité dans laquelle il était sur une affaire qu'il croyait entièrement terminée, firent qu'il ne s'occupa point de cette vérification, étant parti le surlendemain du paiement qu'il avait fait au sieur Richot.

M. Halsberghe occupait un appartement assez considérable sur le boulevard Bonne-Nouvelle, dans lequel il laissa ses enfans, âgés de quinze à seize ans, sous la garde et direction de personnes connues et respectables, lorsqu'il partit avec son épouse pour se rendre en Belgique, où des affaires de famille les appelaient tous deux à la fin de janvier 1816. Mais quel fut son étonnement, lorsqu'au mois d'avril suivant il reçut une lettre de ses enfans qui l'informait qu'on exerçait des poursuites contre lui en raison de l'effet de 5,700 f. qu'il avait acquitté par anticipation avant son départ et qu'il croyait avoir laissé dans son secrétaire avec la quittance particulière et ses autres papiers.

Ne pouvant abandonner ses affaires en Belgique trop précipitamment, il chargea ses enfans, à l'aide d'une personne de confiance qu'il leur indiqua, de faire le dépouillement de ses papiers restés à Paris, pour s'assurer si effectivement l'effet dont prétendait se prévaloir le sieur Richot ne se trouvait point où il croyait l'avoir laissé. La réponse fut négative ; mais pourtant ils retrouvèrent

la reconnaissance particulière souscrite par ledit
sieur Richot, au moyen de laquelle ils firent opposition au jugement par défaut que celui-ci avait
déjà obtenu.

Le Tribunal de Commerce, devant qui cette
opposition fut portée, fut très-surpris lorsqu'il
prit connaissance de la reconnaissance exhibée
contre les prétentions du sieur Richot ; mais celui-ci ayant osé soutenir et affirmer que cette
quittance était fausse et non signée de lui,
un nouveau jugement du 17 mai 1816 prononça
le renvoi devant l'autorité compétente.

Le sieur Richot se trouve alors embarrassé sur
le parti qu'il lui reste à prendre pour essayer de
couvrir la tentative qu'il a faite, laquelle est sus-
ceptible d'entacher fortement sa réputation. Ose-
ra-t-il pousser les choses plus avant ? C'est courir
de grands risques, dont les moindres sont d'être
condamné à des réparations honteuses, à une
forte amende, à des dédommagemens propor-
tionnés, et à un emprisonnement. Renoncera-t-il
à ses projets audacieux ? Alors il n'en sera pas
moins cité dans le monde comme un des plus
déhontés fripons qui existent, ce qui ne s'accor-
dera pas avec les prétentions qu'il a de passer
pour un saint et un modèle de dévouement à l'auguste maison des Bourbons. Que faire dans une
telle position ? C'est de s'en rapporter à ce que
diront les avocats.

Oui sans doute ; mais les avocats ne donnent

leurs avis que sur ce que leur disent et affirment les personnes qui vont les consulter : ils ne peuvent pas plus que d'autres scruter les consciences.

Justement indigné d'apprendre ce qui se passait contre lui , M. Halsberghe abandonne ses affaires d'intérêt personnel en Belgique et revient sur-le-champ à Paris : on lui fait des propositions de conciliation de la part du Sr. Richot ; il se refuse à toute espèce d'arrangement, n'ayant en vue que de pouvoir parvenir à se faire juger pour obtenir justice.

Poussé dans ses derniers retranchemens , le sieur-Richot, qui avait éludé pendant plus de deux mois de donner suite au prononcé du Tribunal de Commerce, se détermine enfin à hasarder une inscription en faux au sujet de la reconnaissance qu'il avait méconnue et niée en présence des premiers juges ; il en fait faire la signification sous la date du 25 juillet ; M. Halsberghe y répond aussitôt comme il convient, en déclarant très-positivement et officiellement qu'il est prêt à se présenter partout où il sera nécessaire pour démontrer son innocence sur le fait qu'on lui impute, comme aussi la culpabilité de son infâme accusateur. L'affaire en resta là jusqu'au 23 août, époque où l'inscription fut déposée et signifiée, de sorte que ce ne fut que le 7 septembre suivant que le Tribunal de la Seine ordonna le dépôt de la pièce arguée, et qu'il nomma un Juge pour l'instruction de la procédure.

Cette décision ayant été signifiée à M. Halsberghe le 9 octobre, il s'empressa d'effectuer le dépôt ordonné, et sur *ses diligences* l'état de la pièce attaquée fut constaté le 23, en présence de M. le Procureur du Roi, et le 3o le sieur Richot fut tenu de produire ses moyens tendans à étayer son inscription en faux contre ladite pièce, ce qui eut lieu de sa part avec une audace rare, mais digne d'un homme tel que lui.

M. Halsberghe y répondit ainsi qu'il le devait, c'est-à-dire de manière à faire toucher au doigt les impostures, les contradictions, etc. dont fourmille la plainte, ou, si l'on veut, cette infernale accusation.

L'on ne finirait pas s'il fallait reproduire ici tout ce qui a été dit et fait pour arriver à l'arrêt définitif qui vient d'être rendu, lequel a enfin proclamé *solennellement l'innocence* de M. Halsberghe, tout en constatant l'infamie du sieur Richot. On se bornera donc à dire qu'après une instruction préliminaire ou préparatoire qui a duré très-long-temps, ce n'a été que le 3 janvier dernier que, voulant mettre enfin un terme aux conséquences d'une accusation que la Cour d'Assises était seule apte à juger, M. le Procureur général du Roi, crut devoir faire incarcérer ledit sieur Halsberghe, pour ensuite le faire comparaître devant ladite Cour et les Jurés, tout en suivant les formalités d'usage en pareil cas.

C'est-là qu'après avoir entendu le langage de

*

la vérité, le sieur Richot, en personne, se trouvant dans une position qu'il n'avait sans doute pas
prévue ni calculée, s'est vu obligé de *convenir*
publiquement de la fausseté de ses assertions,
trop évidemment controuvées ; de *reconnaître*
honteusement que l'écriture et la signature qu'il
avait eu l'audace de contester et nier à différentes
époques antérieures, étaient *réellement de lui;* et
enfin de souffrir qu'on imprimât sur son front le
cachet de l'ignominie, par le fait de la déclaration
unanime des Jurés, qui a été prononcée haute-
ment en ces termes : *Non, l'accusé n'est pas cou-*
pable. C'est-à-dire, oui l'accusateur est un effronté
calomniateur, un fripon déhonté, un audacieux
parjure, en un mot un coquin.

Ce jugement qui, comme on l'a déjà dit, a
été le résultat d'une *longue instruction*, d'un *exa-*
men approfondi, et d'une *discussion contradictoire*
et publique, devant des Juges et des Jurés exer-
cés à distinguer la vérité d'avec le mensonge, la
franchise d'avec la duplicité, en un mot la vertu
d'avec le crime, a porté dans l'esprit de tous les
assistans la conviction la plus complète de l'innocence du malheureux accusé, et de la culpabilité
de l'audacieux accusateur.

Ainsi donc, sans prétendre pousser trop loin
les conséquences, M. Halsberghe peut maintenant dire et répéter quand bon lui semblera, que
le sieur Richot est l'un de ces *vils hypocrites* qui,
sous le voile des sentimens religieux qu'ils se

plaisent d'affecter à l'excès pour capter la confiance, ne s'attachent qu'à surprendre la bonne foi des personnes qui ont le malheur d'avoir affaire à eux ; l'un de ces *déhontés fripons* à qui tous les moyens sont bons pour arriver au but qu'ils se proposent, c'est-à-dire de faire leur fortune en s'appropriant frauduleusement les dépouilles des bonnes gens qui tombent dans les pièges tendus à leur crédulité ; enfin un de ces *audacieux coquins* qui n'ont l'esprit tendu qu'à trouver des occasions favorables au développement de leur infernale tactique, dans l'espoir d'exercer constamment, avec impunité, toute espèce d'iniquités.

Et en effet, qu'est-ce qu'un homme dont le corps est couvert de stigmates religieux qu'il montre à tous venans, qui va tous les jours passer plusieurs heures aux pieds des autels, afin de se faire remarquer, qui se flatte avec emphase d'avoir toujours été l'un des plus fidèles et dévoués sujets, et qui pourtant *ose se prévaloir d'un effet dont il a déjà reçu le montant,* d'un effet par lui *adroitement escamoté* après acquit, d'un effet qui conséquemment *ne doit plus exister en ses mains,* pour ensuite en réclamer le paiement, ou pour mieux dire le *double paiement,* de la part de celui à qui il en a fourni *quittance motivée et séparée,* de celui enfin qui s'est loyalement et généreusement libéré envers lui à une époque bien antérieure à celle préalablement convenue ? Qu'est-ce qu'un homme qui, dans les vues d'étayer son injuste réclamation, ose nier *son écriture et sa signature* lorsqu'elles lui sont dûment représentées, et qui pousse l'audace jusqu'au point *d'accuser le porteur d'avoir commis un faux matériel* à ce sujet ? Qu'est-ce qu'un homme enfin, qui, après cette dénégation affreuse, ose *s'inscrire en faux, intenter un procès criminel* contre un honnête négociant, un respectable père de famille honorablement connu parmi ses concitoyens, *et qui en définitif est obligé de convenir honteusement devant les Tribunaux, qu'effectivement l'écriture et la signature par lui antérieurement méconnues et niées, sont réellement de lui ?* Un tel homme !...... un tel homme !...... est un monstre passible de toute espèce de qualifications, et cet *homme, c'est le sieur Richot.*

Que peut-on, que doit-on faire contre un individu de cette trempe ? C'est ce que nous allons examiner, tant dans l'intérêt de la société que dans celui de la morale publique, et successivement dans celui de M. Halsberghe, qui a été sa victime.

Sur le premier point nous croyons qu'il convient de faire connaître au public, par la voie de l'impresssion, quel est en réalité l'individu qui cherche à fasciner les yeux de ses concitoyens, au moyen d'une piété apparente, lorsqu'au fond de son cœur l'athéisme, la dépravation et la scélératesse la plus profonde règnent évidemment.

Sur le second nous estimons qu'en dévoilant

sans pitié l'hypocrisie et les méfaits sans nombre au moyen desquels le sieur Richot est arrivé à la fortune dont il jouit maintenant, ainsi qu'à l'espèce de réputation à laquelle il a feint d'aspirer parmi les sincères appuis de l'autel et du trône, les honnêtes gens de toutes les classes s'empresseront de faire justice d'un tel caffart, en le vouant au mépris qu'il mérite, en attendant que les lois puissent l'atteindre.

Sur le troisième, l'article 246 du code de procédure indique ce qu'il convient de faire pour en provoquer et déterminer l'application ; en voici la teneur :

« Le demandeur en faux qui succombera, *sera*
« *condamné* à une amende qui ne pourra être
« moindre de 300 fr., et à *tels dommages et*
« *intéréts qu'il appartiendra.* »

En conséquence, M. Halsberghe est maintenant fondé à attaquer à son tour le sieur Richot devant les tribunaux, et certes *son action en dommages et intéréts ne saurait être contestée ni éludée* sous aucun prétexte, puisque d'une part, il n'est malheureusement que trop vrai *que sa personne, ses biens et sa profession ont été méchamment compromis et ont beaucoup souffert par le fait des assertions calomnieuses et diffamatoires dudit sieur Richot;* et que de l'autre *le genre d'accusation, l'instruction* à laquelle il a donné lieu, tant par son inscription en faux, que par sa plainte additionnelle du 28 décembre 1820 ; *l'emprison-*

nement de cinq mois du sieur *Halsberghe*, sa mise en jugement devant la Cour d'*Assises* de *Paris*; la vengeance des lois appelée sur sa tête, etc. etc., qui en ont été la suite, sont autant de choses plus que désagréables qui ont épuisé *la santé* et *la fortune* de l'accusé, *reconnu innocent*.

Non content d'avoir attaqué M. Halsberghe comme faussaire, relativement à la reconnaissance dont a été mention plus haut, le sieur Richot s'est efforcé de le *calomnier indignement devant ses juges et le public*, en affirmant qu'il s'était toujours très-mal comporté dans son pays, où, selon lui Richot, il avait fait plusieurs fois banqueroute les mains pleines, et d'où il était parti en 1815, en emportant furtivement les fonds qui lui avaient été confiés par différentes personnes, ce qui faisait qu'il n'oserait jamais reparaître devant elles.

Fidèle à son système, le sieur Richot s'est complu à cumuler ces calomnies, et mille autres analogues devant MM. le Procureur du Roi et le Juge d'Instruction, et en définitif devant la Cour d'Assises et les Jurés; mais malheureusement pour lui ses assertions se sont bientôt évanouies devant le langage de la modération et de la vérité, et surtout par l'exhibition inattendue d'un grand nombre de pièces authentiques qui constatent positivement *tout le contraire* de ce qu'a bien voulu dire ledit sieur Richot.

Pour que le lecteur puisse se faire une idée

exacte de l'absurdité de semblables calomnies,
il suffit de rapporter ici les copies littérales de
trois pièces, dont MM. les Juges et les Jurés ont
daigné prendre connaissance, et dont M. le Président a fait donner lecture en audience, afin que
le sieur Richot pût se trouver à portée de s'apprécier lui-même, tant sur ce point que sur
d'autres. (*Voyez* à la fin.)

M. Halsberghe est né à Gand, en 1767, d'une
famille respectable, avantageusement connue
dans la magistrature, (son père était Secrétaire
d'État, Receveur Archiviste du grand Conseil de
Flandre, avec finance de 64,000 florins). Les
orages de la révolution le privèrent d'une survi-
vance avantageuse, et lui enlevèrent une grande
partie d'une fortune assez considérable honorablement acquise, ce qui le porta à se livrer au
commerce, profession dans laquelle sa réputation
a toujours été celle d'un homme de bien, d'un
loyal négociant.

Son attachement aux vrais principes le firent
remarquer par les Princes et un grand nombre
de Français de distinction, pendant le séjour de
S. M. Louis XVIII à Gand, en 1815, et sur
l'invitation de plusieurs d'entre eux qui avaient
été à même d'apprécier ses sentimens, il se dé-
termina à venir se fixer à Paris, après le second
retour du Roi dans sa capitale. Et c'est là qu'après
avoir acheté au sieur Richot divers objets nécessaires pour son nouvel établissement, il lui acheta

celui qui a donné lieu à l'affaire dont vient d'être mention.

Cette malheureuse affaire a momentanément entaché sa réputation jusqu'alors constamment restée intacte, et la prévention mal fondée qui pendant cinq années a plané sur son compte, a beaucoup nui, comme on peut facilement le croire, à ses opérations commerciales, en tuant son crédit; de sorte que malgré la probité, le zèle et l'activité qui lui sont propres, il n'a fait que des pertes pendant cinq années, ce qui, joint aux dépenses occasionnées par une aussi longue procédure et à l'emprisonnement qu'il a éprouvé, a fait non-seulement tort à sa fortune, mais encore à sa santé.

Dans cette position il croit pouvoir compter sur la bienveillance des nouveaux Juges, devant qui sa demande en dommages et intérêts va être portée, afin d'obtenir de leur justice une réparation proportionnée à l'offense qui lui a été faite par le sieur Richot, offense qui sous divers points de vue peut et doit intéresser la société entière, puisque rien ne saurait être stable si l'on pouvait impunément méconnaître son écriture, nier sa signature, accuser de faux ceux qui en sont porteurs, les calomnier et diffamer à outrance, jusques dans le sanctuaire de la justice; les faire arrêter, emprisonner et mettre en jugement comme de vrais coupables, et cela dans l'unique intention d'essayer à s'enrichir ou augmenter sa fortune au détriment d'autrui.

Si parfois on a vu des hommes assez peu réfléchis que d'attaquer sans preuves suffisantes ceux qu'ils croyaient coupables des faux dont ils avaient réellement à se plaindre, et si, dans sa sagesse, le législateur a voulu que ceux qui succomberaient fussent sévèrement punis, quelle doit donc être la peine que mérite celui qui a poussé l'audace et la mauvaise foi jusqu'à intenter une action en faux contre le porteur d'une reconnaissance qu'il est enfin forcé de reconnaître bonne et valable, comme l'ayant réellement souscrite? Quelle est donc la peine qui doit être réservée à un homme qui sachant très-bien qu'une pareille action est mal fondée de sa part, persiste néanmoins à la soutenir effrontément, quoique d'un air benin, devant les Magistrats? Quelle est donc la réparation, ou pour mieux dire, quelles sont les différentes espèces de réparations qu'un homme de cette trempe doit à la société et au malheureux père de famille qui a été trop long-temps sa victime?

Le sieur Richot était soldat, puis gendarme, et successivement commissaire chargé de missions spéciales pendant les orages de la révolution; devenu brocanteur, marchand de bric à brac, il a commencé sa fortune en achetant à vil prix, conjointement avec ses camarades, les meubles et effets qui étaient restés dans les maisons d'émigrés, dans lesquelles il a fait de fort bonnes trouvailles, et s'il faut en croire la chro-

-nique scandaleuse, sa conduite privée n'a pas toujours été d'accord avec les stigmates religieux et royaux dont son corps est couvert, non plus qu'avec les saintes reliques, les scapulaires, les fleurs de lis, etc., dont il affecte de se charger, afin de donner bonne opinion de lui, opinion que son épouse n'a pourtant pas long-temps conservée, puisque vingt-quatre heures ont suffi pour la désenchanter, le flambeau de l'Hymen s'étant totalement éteint la première nuit de ses noces, ce qui fait que depuis lors elle vit à l'écart sous la direction d'un Jurisconsulte distingué, non stigmatisé.

Quoiqu'il en soit, le sieur Richot s'est retiré à Marly avec ses pénates, c'est-à-dire avec une assez belle fortune moins équivoque que sa réputation, malgré que l'une et l'autre soient le fruit de l'astuce et de l'hypocrisie ; il y possède une des plus belles propriétés du pays, ce qui lui donne un certain relief aux yeux des bonnes gens qui en ont fait leur marguillier, au moyen de quoi il jouit des honneurs de l'encensoir. Cela durera-t-il ? C'est une question que le temps résoudra, car on prétend qu'il parle déjà de vendre son château et dépendances, en raison de la crainte qu'il a d'être condamné à payer à M. Halsberghe, à titres de *dommages et intérêts*, une somme équivalente aux préjudices occasionnés par la longue procédure et détention qu'il lui a fait injustement éprouver.

Le sieur Richot prétend qu'il lui en a déjà

coûté 4,400 fr., dont 2,400 fr. à son Avoué, et 2,000 fr. à son Avocat, pour avoir voulu essayer de soutenir son inscription en faux ; conséquemment sa prétention inique d'être payée deux fois d'un objet dont il avait déjà reçu le prix convenu. Et cependant cet Avoué et cet Avocat n'ont pas jugé à propos de soutenir sa cause devant la Cour d'Assises, lorsqu'elle y a été définitivement portée ; que sera-ce donc lorsqu'il faudra le défendre à son tour contre une action bien autrement fondée que la sienne, puisque l'art. 246 du code de procédure *prononce déjà affirmativement* quelle doit être la peine qui lui sera infligée, et que, dans l'espèce, les nouveaux juges n'auront qu'à déterminer l'application du plus ou du moins entre le *minimum* et le *maximum* que la loi indique en pareil cas.

Il est bien vrai qu'étant embarrassé de répondre aux argumens transcendans qu'on lui fait sur l'absurdité de l'action en faux qu'il avait osé intenter, le S^r. Richot essaie encore de se laver moralement de cette maladroite infamie, en disant que les Jurés ont été achetés ou séduits, et que c'est là le motif de leur prononcé ; mais à qui donc prétend-il faire croire que des respectables citoyens, réunis à l'improviste au nombre de 36, et dont aucun n'a été récusé par le sieur Halsberghe, sur lesquels 12 sont désignés par le sort, quelques minutes avant de siéger, peuvent ainsi être circonvenus pour mentir à leur conscience, devenir parjures à leurs sermens, et prononcer contre le vœu des lois, en présence de Juges capables de tout apprécier, et du ministère public chargé de soutenir l'accusation en audience publique? A qui fera-t-il croire qu'une réunion d'hommes aussi éclairés puisse se laisser endoctriner et surprendre pour rendre publiquement un jugement contraire aux principes d'équité dont ils font profession? A qui enfin voudra-t-il persuader qu'on a usé d'indulgence ou de faveur envers un accusé du crime de faux, lorsque lui-même *Richot* a honteusement avoué devant la Cour d'Assises, que l'écriture et la signature qu'il avait jusqu'alors méconnues et niées (ce qui servait de prétexte à l'inscription en faux) étaient effectivement et réellement de lui? N'est-ce pas là le cas de dire : quel homme que ce Richot (1)!

Si tout en se bornant à rapporter les faits tels qu'ils sont, un tel homme paraît indigne d'aucune espèce d'égards aux yeux des gens sensés, c'est maintenant aux Juges qui doivent en connaître de peser dans leur sagesse quelle doit être la punition qu'il convient de lui infliger, pour que l'exemple puisse tourner à l'avantage de la société outragée.

---

(1) Une affaire à-peu-près semblable à celle-ci est maintenant pendante au Tribunal civil, et son résultat prouvera si ledit Richot fait ou non le vil métier d'intenter des actions mal fondées. Il réclame une somme de. . . . . du Marquis de St.-Leger, et celui-ci a en ses mains la quittance de cette somme qu'il a payée audit Richot.

En conséquence, M. Halsberghe en appelle avec confiance à l'équitable intégrité des Magistrats que la loi charge de veiller à la sûreté et aux intérêts privés des citoyens, pour réclamer de leur justice un jugement qui condamne le sieur Richot à lui payer une somme de 60,000 fr., à titre de dédommagement des préjudices énormes qu'il lui a fait éprouver durant cinq années consécutives, par le fait de son insigne mauvaise foi, de son astuce et de ses calomnies.

Et comme il importe à l'honneur, à la réputation et à l'existence du demandeur, ainsi que de sa famille, que le public devant qui la diffamation a eu lieu soit officiellement informé du résultat d'une accusation aussi grave et aussi mal fondée, il demande également que le jugement à intervenir soit imprimé et affiché partout où besoin sera jusqu'au nombre de 1,500 exemplaires, aux frais dudit sieur Richot.

Quant à l'amende et aux frais de procédure dont ledit sieur Richot est passible, c'est au ministère public à requérir ce qu'il croira convenable à ce sujet, tant en ce qui concerne la vindicte publique, que dans les intérêts de la loi et du Roi, dont il est l'organe.

LÉONARD HALSBERGHE.

COPIES.

Journal de Gand du vendredi 21 juillet 1815.

M. L. Halsberghe Provoost, rue des Champs, N°. 10,
à Gand, cessant son commerce, invite tous ceux qui ont
quelques prétentions sur lui de se présenter à sa demeure,
afin obtenir le paiement.

Il prévient aussi le public, qu'en conséquence de sadite
cessation, la maison qu'il occupe est à louer pour entrer
de suite en jouissance.

PROVINCE DE LA FLANDRE ORIENTALE.

Nous, Maire de la ville de Gand, Chambellan de S. M.
le Roi des Pays-Bas, certifions que le sieur Halsberghe
Provoost (Léonard), natif de la ville de Gand, y a exercé
pendant plusieurs années la profession de marchand Mer-
cier; qu'avant son départ pour Paris, il a fait mettre dans
les feuilles publiques « que tous ses créanciers pouvaient
« s'adresser à lui pour être payés de leurs créances, et
« qu'il a satisfait toutes ses contributions. »

Certifions en outre que ledit Halsberghe a toujours joui de
la réputation comme fortement attaché à la dynastie des
Bourbons.

En foi de quoi nous lui avons délivré le présent certificat,
pour servir et valoir où il appartiendra.

Fait à l'hôtel de la Mairie, le treize novembre mil huit
cent seize.

Signé DE MEYÈRE, *Adjoint.*

Sceau du Magistrat
de Gand.

Les Soussignés déclarent et attestent connaître parfaite-
ment M. Léonard Halsberghe Provoost, ancien Négociant
de Gand, et aujourd'hui en instance pour obtenir des lettres
de naturalisation.

C'est d'après cela qu'ils se font un devoir de certifier que
soit par sa conduite privée, soit par ses principes poli-
tiques, soit par sa consistance sociale, personne mieux que
le susnommé ne mérite d'être aggrégé au nombre des
Français fidèles, qui réunissent dans un même sentiment
l'amour à la Patrie et à l'auguste Famille des Bourbons.

Fait à Paris, ce dix-neuf janvier mil huit cent seize.

Signés J. JULIEN, Lieutenant-Colonel, Chevalier de
St.-Louis; C. RENAULT, Chef de bataillon dans la
légion de l'Indre, Chevalier de St.-Louis; le Comte
D'HANACHE; J. ELYSÉE, 1re. Chirurgien du Roi; DE
LA GIRONNERIE, Lieutenant de la garde; G. BOURBON-
LEBLANC; le Comte DE FRANCE; le Comte DE LA
ROCHETTE, Chevalier de la légion d'honneur.

No. 4615.

22 *Mai* 1821.

ARRÊT DE LA COUR D'ASSISES DE PARIS
QUI ACQUITTE LÉONARD HALSBERGHE PROVOOST.

*EXTRAIT des Minutes du Greffe de la Cour
royale de Paris.*

Nous, JULES DHARANGUIER DE QUINCEROT,
Conseiller en la Cour royale de Paris, Président de la
Cour d'Assises du département de la Seine,

Vu la déclaration du Jury, sur l'accusation portée contre

Léonard HALSBERGHE, âgé de cinquante-cinq ans, né à Gand, Commissionnaire en diverses marchandises, demeurant à Paris, rue du faubourg Saint-Martin, n°. 97, accusé d'avoir, en l'année mil huit cent seize, commis un faux en écriture de commerce, par fabrication de décharge, par insertion après coup de ladite décharge, par addition et altération de déclarations et de faits, en intercalant ou faisant intercaler dans des blancs qui avaient été laissés sur un reçu daté vingt-cinq janvier mil huit cent seize, et signé *Richot;*

Ladite déclaration portant:

Non, l'accusé n'est pas coupable;

Disons que ledit Léonard Halsberghe est acquitté de l'accusation portée contre lui.

En conséquence ordonnons, conformément à l'article 358 du Code d'instruction criminelle, qu'il sera mis sur-le-champ en liberté, s'il n'est retenu pour autre cause.

Fait et prononcé au Palais de Justice, en l'audience publique de la Cour, le vingt-deux mai mil huit cent vingt-un.

Signé DE QUINCEROT.

Pour expédition conforme,

Le Greffier en chef de la Cour,

Signé DUPLÈS.

Enregistré à Paris, le premier juin mil huit cent vingt-un, folio 104, case 7. Reçu un franc dix centimes compl.

Signé RENARD.

IMPRIMERIE DE MADAME VEUVE J.-L. SCHERFF,
PASSAGE DU CAIRE, N°. 54.

www.ingramcontent.com/pod-product-compliance
Ingram Content Group UK Ltd.
Pitfield, Milton Keynes, MK11 3LW, UK
UKHW021035120726
13693UKWH00005B/2317